Copyright 2015
Werbe- und Ideenbüro Peter Waschkewitz

Layout und Fotos: Peter Waschkewitz
4 Fotos von Julia Henschel
2 Fotos von Laura Grosser

Abdruck von Texten oder Fotos nur mit schriftlicher Genehmigung des
Werbe- und Ideenbüros Peter Waschkewitz
Das gilt auch für Wiedergabe in TV, Radio oder Internet

Herstellung und Verlag:
BoD Books on Demand, Norderstedt
ISBN 978-3-7392-0792-6

Printed in Germany

TIERISCH GUTE KOMBI!

SUPER SERVICE, FAIRER GASPREIS.

GAS

www.westfalica.de

Telefon: 05731 244-900

WESTFALICA
GAS. STROM. NATÜRLICH WÄRME.

Hallo Leute,

ich schreibe einfach mal „frei Schnauze"...
Dies hier ist mein erstes Buch und ich hoffe, es gefällt Euch. Vor einigen Jahren bin ich ausgebüxt und der Werbetexter und Gag-schreiber Sunny Day alias Peter Waschkewitz hat sich liebevoll um mich gekümmert. Wir sind dicke Freunde geworden und unternehmen immer tolle Touren in der Region. Er denkt immer, ich habe einen riesigen Tank untergeschnallt (weil ich immer „Pipi" mache), dabei markiere ich nur alle paar Meter die wichtigsten Stellen, damit wir sie nicht vergessen und sie in unser Buch kommen.
„Ich bringe dich ganz groß raus, sagte er zu mir" (Komisch, sonst sagt er sowas nur zu Mädchen) und nachdem wir schon als Serie in der heimi-schen Presse waren, ist hier also unser erstes Buch. Es ist ein Foto-Gag-Buch, aber es zeigt auch viele interessante Ausflugsmöglichkeiten und Schönheiten der Region, die einen Besuch wert sind. Somit ist es in gewisser Weise auch ein kleiner Reiseführer. Viel Spaß!

Germany's next dog model

Ein freundliches Wuff!
Euer Juppie

Ach ja, Herrchen soll auch noch zu Wort kommen...

Liebe Leser,

Ein Hund wie ein Teddybär. Wuschelig, kuschelig, aktiv, gut gelaunt und immer freundlich zu Menschen. „Oh guck mal, ist der süß, ein Bobtail"! „Nein, das ist kein Bobtail", sage ich dann zum 450. Mal, „Das ist ein Bear-ded Collie, ein Hütehund aus Schottland. Er braucht viel Auslauf, frische Luft und immer neue Aufgaben. Es ist ein liebenswerter Freund, der einem nicht von der Seite weicht, egal, wohin man geht. Vor nicht allzu langer Zeit waren unsere Ausflüge unter „Juppies Abenteuer" in der heimischen Presse zu lesen und ich wurde sehr oft ange-sprochen, wann denn wieder etwas Witziges kommt. Hier ist es!
Viel Vergnügen!

Sunny Day (Peter Waschkewitz)

Eigentlich bin ich ja ein Hütehund, aber irgendwas stimmt hier nicht! Auf den Schafen steht: „Made in Hongkong"!

Unterschied: Bobtail - Bearded Collie

Der Bobtail hat ein kräftiges Gebiss und ist quadratisch gebaut. Der Bearded Collie ist wesentlich kleiner und hat einen längeren Rumpf. Beide Hütehunde haben wahrscheinlich die gleichen Ahnen in Schottland. Der Bearded Collie gilt als wetterfest, wesensstark und intelligent. Hüten, Treiben, Bewachen und Schützen waren seine Hauptaufgaben bei der Schafzucht in den schottischen Highlands. Er ist selbstbewusst, manchmal etwas eigenwillig und hat den Charme eines liebenswerten Familienhundes. Der Bearded Collie hat im Gegensatz zum Bobtail eine Rute. Der Name bedeutet übrigens „Bärtiger Collie".

Er braucht Abwechslung, viel frische Luft und geistige Anregung. Wer diesem Hund begegnet, ist verzaubert von seinem Wesen.

Unsere Serie in der Presse...

Mit freundlicher Genehmigung der „Neuen Westfälischen"

Ein Dankeschön auch an:

Familie Kapellmann und Familie Hohmann, Jörg Stuke (NW), Dietmar Zentner (der auch einige tolle Ideen beigetragen hat), Staatsbad Oeynhausen, Julia Henschel (4 Fotos), allen Sponsoren, meinen Eltern sowie allen Hunde- und Humorfreunden.

Zwei Zitate noch:

„Natürlich kann man ohne Hund leben, es lohnt sich nur nicht"   *Heinz Rühmann*
„Wer in Deutschland Humor absondert, gilt von vornherein als verdächtig"   *Robert Lembke*

An der Weser ...

Info und Ausflug-Tipp

! Die Amanda Fähre wurde 1928 in Bodenwerder erbaut und fährt seit 1989 von der Rehmer Insel zum „Großen Weserbogen" hin und zurück. Früher war sie eine Autofähre auf der Fulda. Sie hat die Maße 14 x 5 Meter und wiegt stattliche 29 Tonnen.
Als „Fahrschein" gibt es von Kapitän Peter Wartenberg, der in seiner Freizeit Schiffsmodelle baut, Bonbons. Die Fähre fährt je nach Wasserstand vom Frühjahr bis zum Spätsommer (außer montags). Fahrräder und auch Tiere werden gern mitgenommen.

Wegbeschreibung

Von Bad Oeynhausen erreichen Sie die Fähre über die Mindener Str (vorbei am Werrepark) geradeaus zur Vlothoer Str. Dort biegen Sie nach wenigen Metern links ab in die Adam-Opel-Str. Nach kurzer Zeit erreichen Sie die Rehmer Insel mit dem großen Parkplatz vor dem Stadion.
Hier finden Sie die Restaurants „Weserhütte" und „Altes Fährhaus" und haben interessante Rad- oder Fußwege zur Weserkussbrücke (oder Richtung Vlotho) vor sich. Skater freuen sich besonders über die sehenswerte Strecke bis zur Porta Westfalica.

Info und Ausflug-Tipp

! An der Weser haben Sie vielfältige Ausflugsmöglichkeiten. Zu bestimmten Terminen halten an der Rehmer Insel auch Fahrgastschiffe (Infos auf www.staatsbad-oeynhausen.de)
Manche Jahre bringen in dieser Region Hochwasser mit sich, so dass ganze Straßenzüge im Wasser versinken.
Auf der übernächsten Seite sehen Sie die andere Weserseite (Abfahrt PW-Vennebeck), wo Motorbootfreunde oder Jet-Ski Fans ihr Paradies finden. Einen Ausflug wert ist auch das Restaurant „Weserhütte" mit Beachclub in Top-Lage.

Von den Wellen habe ich genug, ganz seekrank, ich bin doch kein Yachthund!

„Weserhütte"? Ich hatte Weserhüte verstanden!

WeserHütte
Genuss am Fluss

Restaurant · Genussterrasse · Biergarten

Di.- Fr. ab 14:00 Uhr
Samstag ab 11:00 Uhr
Sonn- und Feiertag ab 9:30 Uhr
Montag Ruhetag

**Der Treffpunkt an der Weser
für die kleine Auszeit zwischendurch**

Bad Oeynhausen • Adam-Opel-Straße 11 • 05731-2548008 • www.weser-huette.de • info@weser-huette.de

Erleben Sie pure Mobilität und gleiten Sie auf unseren Segways durch die Natur!

SEGTOUREN NRW

Frank Korfsmeier · Adam-Opel-Str. 4 · 32547 Bad Oeynhausen
Segway Händler BAD OEYNHAUSEN
Fon: 0 57 31 - 300 45 07 · Mobil 0171 - 85 31 209
www.segtouren-nrw.de · info@segtouren-nrw.de

Nebeneinnahmen ...

Vielen Dank an Julia Henschel für die zauberhaften Fotos mit „Emma".

Eine Million ans Finanzamt... 4 Millionen an Herrchen und Frauchen... bleiben noch 12 Millionen für Luxemburg..., prima!

Manche Bearded Collies müssen für ihr Hundefutter ganz schön schuften, z.B. als Straßenmusikant in der Fußgängerzone bei jedem Wind und Wetter. Beliebte Songs sind dann „Hotel Beardiefornia", „Hechellos durch die Nacht", „It`s a hard dog`s night", „Beardie Busch City Limits" oder „Schatzi, schenk mir ein Frolic".
Auch als Börsenmakler ist das Leben nicht einfach. „Ihr Geld ist nicht weg, es hat nur jetzt jemand anderes" hat schon so mancher Beardie gehört. Da die meisten Hunde mit dem Internet nicht klarkommen, müssen sie halt die Zeitung lesen und sind nicht immer so aktuell wie die zweibeinigen Kollegen.

Flugplatz und Airfield

Den Job als Fluglotse habe ich nicht bekommen, aber als Windhund hätte ich bleiben können!

Info und Ausflug-Tipp

! Vielleicht eines der schönsten Ausflugsziele der Region! Der Flughafen Porta Westfalica-Vennebeck mit dem dazugehörigen Restaurant und Biergarten „Airfield". In entspannter Atmosphäre können Sie Starts und Landungen von Flugzeugen oder Segelfliegern beobachten. Bei schönem Wetter und leckerem Essen fühlen Sie sich in dem Biergarten fast wie im Urlaub.
Manchmal starten dort auch Mini-Helicopter, die die Region fotografieren oder Gäste mitnehmen – Nervenkitzel garantiert.

Kann mir jemand sagen, wo ich Herrchen verbuddelt habe?

Großer Weserbogen

Info und Ausflug-Tipp

! Nicht weit vom Airfield entfernt ist das beliebte Ausflugsziel „Großer Weserbogen". Für Wassersportler gibt es dort zwei Segelclubs, Tretboote, Beachvolleyball sowie hervorragende Schwimmmöglichkeiten am Strand (Mit Umkleidekabinen und sanitären Anlagen). Angler kommen ebenfalls auf ihre ihre Kosten. Wer zelten möchte oder einen Wohnwagen besitzt, findet hier einen großen Campingplatz mit dazugehörigem Restaurant. Nicht nur Hundeliebhaber schätzen die weiten interessanten Wanderwege an der Weser oder Touren rund um den See.

Wenn Herrchen mit mir zelten fährt, dann nur hierher, das ist bewährt. Schwimmen, Segeln, Fischen und Leckerlis noch auf den Tischen.

> Warum kauft sie die Schuhe bloß immer bei „Schlappando"? Die schickt sie ja doch nach einem Tag zurück!

> Diese nicht. Die sind wasserdicht!

Foto: Liesbeth Müller

Schildbürger...

gesehen in Belgien, fotografiert von Ruth Stoff

gesehen in Bad Oeynhausen

Ich liebe Auto fahren ...

Meistens so ... (links der ist aus Plüsch)

oder so ...

... oder als Anhalter

Hallo, können Sie mich mitnehmen zur Innenstadtfete?

Manchmal habe ich den „Tiger im Tank"...

...dann fahre ich auch selbst, um mir Hundefutter zu besorgen!

Was ich sonst noch so erlebe...

Bei nicht angeleinten Hunden muss man auch mal Kung Fu anwenden...

Unglaublich, wer alles so meine Leine halten darf!

Alles nagelneu, aber kilometerweit kein Baum!

Jetzt haben die sogar schon eine Sauce nach mir benannt!

Herrchen wollte mir ein Schloss in Bad Oeynhausen schenken, und dann so was!

Uli hatte gesagt, ich sollte die Hundesteuer in der Schweiz abrechnen!

Die Affäre mit der Osterhäsin hatte doch Folgen…

Als Herrchen den Abfluss im Badezimmer reparieren wollte, sah es bei uns genau so aus!

Wenn Du dieses Futter isst, Juppie, wirst Du zu „Superdog" und kannst über OWL fliegen!

Hey, sag doch mal was!

Noch mehr auf youtube:

Bearded Collie Juppies Abenteuer Bad Oeynhausen Hund

Bearded Collie Juppie Neues Wehr in Löhne

Bearded Collie jagt Zug In Gohfeld

Meine heiße Freundin
Englisch: Hot Dog

Hier mein getürktes Urlaubsfoto!

Wie kommt der Weihnachtsmann mit dem Sack Chappi da durch?

Auf der Aqua Magica ...

Info und Ausflug-Tipp

! Im Jahre 2000 fand die Landesgartenschau in Bad Oeynhausen und Löhne auf einem ca 20 ha großen Gelände statt, das heute noch ein Erholungsgebiet für Gäste aus nah und fern darstellt. Weiterhin finden auf diesem Gelände zahlreiche Veranstaltungen statt. Das Konzept der französischen Landschaftsarchitekten Henri Bava und Olivier Philippe mit ihrem Büro Agence Ter berücksichtigte die geologischen Verwerfungslinien, die Bad Oeynhausen, Löhne, Vlotho und Bad Salzuflen miteinander verbinden. Es handelt sich um unterirdische Soleströme und an einigen Stellen steigt mineralhaltiges Solewasser an die Oberfläche.
Highlights des Parks sind der Wasserkrater, die Allee des Weltklimas, Biotope, ein Cafe, eine Naturbühne sowie zahlreiche Spielplätze für Kinder. Vor einigen Jahren wurde dort auch ein Erlebnis-Hochseilgarten eröffnet.

Die Aqua Magica erreichen Sie am einfachsten von Bad Oeynhausen über die Herforder Straße und dem Kreisel in die Bültestraße, (von Löhner Seite über die Koblenzer Straße zum Kreisel)

(Landesgartenschaugelände)

Warum ist bloß keiner zu meiner Vorlesung über Trockenfutter gekommen?

Poetische Quellen

! Am letzten August-Wochenende findet jährlich von Do-So ein internationales Literaturfest auf der Aqua Magica statt.

Die „Poetischen Quellen" sind der literarische Treffpunkt des Spätsommers und bieten vor dem Hintergrund der schönen Parklandschaft die Möglichkeit, Autoren und neue Bücher kennen zu lernen.
Es gibt jedes Jahr ein neues Schwerpunktthema und alle Veranstaltungen werden moderiert. Autoren signieren gerne und ein großer Büchertisch rundet die Veranstaltung ab.

Der Hochseilgarten

So was Gemeines! Das „Frolic" lag in 12 m Höhe!

Info und Ausflug-Tipp

! Der Hochseilgarten auf der Aqua Magica verfügt über zahlreiche Parcours (9-16 Elemente) mit unterschiedlichen Schwierigkeitsgraden und Anforderungen, vom Anfänger bis zum Kletter-Profi. Es geht bis zu 12 Meter hoch hinaus und auch Teams nutzen diese Möglichkeit des Outdoorsports. Der Hochseilgarten bietet auch Geo-Caching, eine moderne Schatzsuche mit GPS-Gerät.

Sie erreichen den Hochseilgarten am besten über die Herforder Straße und biegen im Kreisel ab in die Bültestraße.

Die „Dschungel-Prüfung" habe ich geschafft. Ich bin ja auch der „Wedler"!

Was ich sonst noch so erlebe...

Der Tag, an dem ich gebissen wurde...

... Gestatten, Dog Müller-Talfahrt, lassen Sie mich durch, ich bin Arzt! Außerdem war ich früher Nr. 1 der Kuschel-Charts mit dem Song „mit einem Taxi nach Paris".

Dem habe ich damals Super-Tipps gegeben!

Pfotendorf Löhne

Wo ist nur die Sorte Champagner-Trüffel?

Colon Sültemeyer Figur im Kurpark Bad Oeynhausen

Der Typ rührt sich nicht, wie komme ich bloß nach Hause?

Super! 3 x täglich Abhängen am Zaun, Dehnen und Strecken und man fühlt sich wie neugeboren.

Na, wie war mein Yoga-Tipp?

Hast Du auch Winterreifen drauf?

Klar! Und ABS habe ich sowieso.

Meine Hobbies...

Kaminholz besorgen...

Plüschtiere erlegen...

Weiterbildung...

„Hound Dog" von Elvis spielen...

Musik hören, am liebsten Snoop Doggy Dog und die Weihnachts-CD von Kommissar Rex...

Frauen „aufreißen..."

Bad Oeynhausen Innenstadt/Kurpark

20 Minuten Stau auf der Kanalstraße und ich muss dringend „Gassi".

Info

! Nach 40 Jahren Planungsverfahren ist die 9,5 km lange Nordumgehung im Raum Bad Oeynhausen und Löhne mit vier Fahrstreifen in Bau gegangen. Dazu zählen drei neue Anschlussstellen, 26 Brücken und ein Tunnel. Sie wird die Kurstadt und Teile von Löhne erheblich vom Autoverkehr entlasten. Interessant ist, dass die Nordumgehung ursprünglich bereits 1965 geplant wurde und 2001 zum ersten Mal öffentlich ausgelegt wurde. Die Fahrt vom Autobahnkreuz Löhne bis zu dem in Bad Oeynhausen wird dann ca 6 Minuten betragen.

Bevor die Nordumgehung fertig wird, muss ich den Knochen wiederfinden, den ich hier damals vergraben habe.

Der Schweinebrunnen

Info

! Der Schweinebrunnen liegt zentral in der Innenstadt und ist immer ein beliebter Treffpunkt, auch bei Stadtfesten oder Weihnachtsmärkten. Er dient auch als Erfrischung für Kinder und Hunde und wurde zu Ehren von Colon Sültemeyer geschaffen, der 1745 auf seinen Schweinen eine salzige Kruste entdeckte, die die Entwicklung von Bad Oeynhausen und den Heilquellen entscheidend beeinflusste. Die englische Telefonzelle direkt daneben stammt von der Partnerstadt Wear Valley. Video: youtube: Juppies Meinung zum Schweinebrunnen Bad Oeynhausen

Der Kurpark

Frühling lässt sein blaues Band wieder flattern durch die Lüfte...lauf ich durch den Kurpark heut`, spür ich frische Düfte!

Info und Ausflug-Tipp

Der Kurpark Bad Oeynhausens wurde zwischen 1851 und 1853 nach den Plänen von Peter Joseph Lenne kreiert. Neben dem großen Kurhaus zeugen Wandelhalle, Theater im Park, Badehaus II sowie der große Brunnen von einer glanzvollen Epoche der Bäderkultur.
Anfang August finden jedes Jahr die Parklichter statt. Diese Veranstaltung bietet am Freitag ein großes Konzert mit namhaften Künstlern, Samstag das große Feuerwerk und am Sonntag (ohne Eintritt) den großen Familientag.

Den Kurhausvorplatz hätte ich anders gestaltet, alle 3 Meter einen Baum!

Jordansprudel und Bali-Therme

Über 50 m hoch! Ich glaube, die Maulwürfe feiern wieder eine Schampus-Party!

Info und Ausflug-Tipp

❗ Der Jordansprudel, eine der größten kohlensäurehaltigen Thermalsolequellen der Erde, wurde bereits 1926 erbohrt. Dieser Sprudel, der nach dem Kurdirektor Albert Jordan benannt wurde, steigt aus über 700 Metern bis über 50 Meter in die Höhe. Das Wasser dieses berühmten Wahrzeichens hat eine Temperatur von ca 35 Grad Celsius. Nur wenige Meter von der Quelle entfernt befindet sich die Bali-Therme, die nicht nur erholsames Schwimmen in Thermalsole bietet, sondern auch ein umfangreiches Fitness und Wellness Programm (Sauna, Massagen etc) offeriert.

Warum brauchen manche Leute 10 Stunden bis Bali?

Das GOP

Ich habe mit fünf Frolic jongliert, aber die haben mich nicht genommen!

Info und Ausflug-Tipp

! In den Räumen des Kurhauses finden Sie neben zwei Restaurants und dem Adiamo Danceclub das GOP Variete Theater.

Künstler und Talente aus aller Welt garantieren Showvergnügen pur. Comedy, Musik, Artistik und vieles mehr sorgen für Staunen und gute Unterhaltung.

Jeder Künstler bekommt genügend Raum, sich charakteristisch in Szene zu setzen, dennoch zieht sich immer ein „roter Faden" durch die Show. Ein Erlebnis für die ganze Familie. Natürlich können Sie auch Show mit Restaurantbesuch oder Disco kombinieren.

Wenn ich ein polnischer Hütehund wäre, würde ich diese Karre glatt mitgehen lassen.

Das Märchenmuseum

Ich haue ab. Der Froschkönig hat mich geküsst.

Info

! Das deutsche Wesersagen- und Märchenmuseum wurde 1973 in der historischen Paul-Baehr-Villa nahe am Kurpark eröffnet. Es geht zurück auf die Schenkung von Dr. Karl Paetow und seine Sammlung wurde laufend erweitert.

Man erlebt hier die Welt der Sagen und Märchen sowie deren Sammler. Man findet dort ca 14000 Bände und es gibt regelmäßig Erzählstunden. Für Kinder gibt es verschiedene Spieleinheiten. Mehrfach im Jahr finden interessante Sonderveranstaltungen statt.

Der Wolkenschieber

Der Wolkenschieber fährt vorbei und achtet nicht auf mein Geschrei, ich wollte mit auf tolle Routen ohne Abnutzung der Pfoten.

www.stadtrundfahrten-badoeynhausen.de

Die netten Toiletten? Das habe ich doch an jedem Baum!

Info

! Der Wolkenschieber Emil, eine Touristenbahn, startet vom Inowroclaw-Platz und dreht mit elektrischer Kraft umweltfreundlich seine Touren durch Bad Oeynhausen. Das Projekt wird von der Dalpke Group und 18 Partnern getragen. Emil kann bei schlechtem Wetter geschlossen werden und bietet sechs Fahrtrouten mit verschiedenen Haltepunkten an. Das Infotainmentsystem erläutert die Stadt und ihre Sehenswürdigkeiten.

Die netten Toiletten sind übrigens ein kostenloses Toilettennutzungsangebot heimischer Gastronomen.

Das Salz- und Zuckerland

Herrchen hat wieder Saline mit Praline verwechselt.

Info und Ausflug-Tipp

! Wenige Fußminuten von der Bad Oeynhausener Innenstadt erreichen Sie das einmalige und sehenswerte Salz-und Zuckerland im Sielpark. Hier können Sie in uriger und geschichtsträchtiger Atmosphäre bei der Bonbonkocherei zuschauen und viele leckere Köstlichkeiten erwerben. Außerdem finden Sie dort erlesene Düfte, Naturheil- und Wellnessprodukte. Daneben gibt es einen einladenden Biergarten sowie das Restaurant im Brunnenmeisterhaus. Übrigens, nicht nur für Kinder ist es ein Erlebnis, bei der Bonbonherstellung zuzusehen...

Wegbeschreibung

Von der Kanalstraße, die mitten durch Bad Oeynhausen geht, biegen Sie in Höhe der Brunnenstraße kurz vor dem Fastfood Restaurant rechts ab in die Sielallee. Von der Innenstadt gehen Sie links am Bahnhof vorbei in die Nordbahnstraße. Dann rechts unter die Unterführung in die Brunnenstraße. Nach wenigen Metern erreichen Sie eine Fußgängerampel, die über die Kanalstraße führt. Kurz nach dem Fast Food Restaurant ist rechts in der Sielallee das Salz- und Zuckerland. Aus Richtung Osnabrück gibt es eine Linksabbiegerspur kurz nach dem zweiten großen Autohaus.

Das Siekertal

Die Außerirdischen sind in Oeynhausen gelandet, aber warum spielen die in dem Ufo Tennis?

Info und Ausflug-Tipp

! Südlich des Kurparks befinden sich die Kuranlagen des Siekertals, ein ca 142 ha großes Tal, das hervorragende Wanderwege in idyllischer Landschaft um den Osterbach bietet. Nicht nur Nordic-Walking-Anhänger lieben diese Strecken. Highlights sind hier der Museumshof, die Hofwassermühle und der Schwedenstein (ein Granitfindling aus der Saale-Eiszeit, der 1960 aufgestellt wurde. Weiterhin gibt es in der Nähe einen sehr schön gelegenen Minigolf-Platz und im Winter eine aufblasbare Tennishalle vom OTC. Die Aqua Magica ist ebenfalls in direkter Nähe.

Ich wollte mich als Stewartdog bewerben, aber dann habe ich neulich "Turbulence II" auf DVD gesehen...

Der Schwedenstein

Sag' mal, ich dachte aus Schweden kommen nur „ABBA" und Knäckebrot...

Info und Ausflug-Tipp

! Bei einem Spaziergang durch das idyllische Siekertal Richtung Süden, erreichen Sie kurz vor dem Ortsteil Lohe auf einer lichten Anhöhe den Schwedenstein, einen eiszeitlichen Granitfindling, der hier Anfang der 60er Jahre aufgestellt wurde. Sehenswert ist auf dem Weg die sogenannte Hofwassermühle, wo mehrfach im Jahr öffentliche Mühlentage stattfinden.
Die gesamte Region ist bei Nordic-Walking Anhängern, Hundefreunden und Joggern sehr beliebt.

Der Museumshof

Info und Ausflug-Tipp

Der Museumshof wurde 1969 eröffnet und zeigt eine für die Region typische Hofanlage der vorindustriellen Zeit. Dazu gehören Haupthaus, Heuerlingshaus, Backhaus, Scheune und Speicher. Die Hofwassermühle ist nur wenige Meter entfernt. Alle Gebäude stammen aus der Region und wurden hier wieder aufgebaut. Man findet eine Heimatstube, Korbflechterei, Zigarrendreherei sowie einen Bauerngarten. Mehrfach im Jahr finden Veranstaltungen und Führungen statt. Es werden alte Handwerkstechniken und auch die Geheimnisse des Kräutergartens spannend erklärt.

Die besten Hundewitze

Ein Einbrecher steigt nachts in eine Villa und hört plötzlich eine Stimme: „Ich sehe dich und Jesus sieht dich auch." Er sucht alles mit der Taschenlampe ab und sieht plötzlich einen Papagei im Käfig sitzen, der den Satz wiederholt. „Du bist aber ein komischer Vogel, wie heißt Du denn?" „Karl Friedrich."
„Das ist aber ein blöder Name für einen Papagei!"
„Ja, sagt der Papagei, aber Jesus ist auch ein seltsamer Name für einen Rottweiler…"

Welchen Preis bekommt jedes Jahr der leiseste Hund verliehen?
Ganz klar, den „No-Bell-Preis".

Ein Vertreter ruft bei einer Familie an. Niemand ist zuhause und der Hund nimmt den Hörer ab und sagt: „Wau Wau".
Der Anrufer: „Wie bitte, ich kann Sie nicht verstehen?"
„Wau Wau". Der Anrufer: „Ich kann Sie immer noch nicht verstehen…"
Da meldet sich nochmal der Hund:
„Wolfgang-Anton-Ulrich", „Wolfgang-Anton-Ulrich"

Das Ehepaar sitzt am Tisch. „Du möchtest dein Essen doch wohl nicht dem Hund geben", sagt die Frau.
„Nein nein, nur tauschen…"

Welche Probleme hat man, wenn man einen Pittbull-Collie-Mischling hat?
Erst beißt er den Arm ab, dann holt er Hilfe.

Was heißt Hund auf französisch?
„La Bello"

Hund und Katze gehen in die Eisbar. Der Kellner fragt die Katze „Was möchten Sie." „Ein großes Eis mit Sahne"
Zum Hund: „Und Sie?"
„Nicht viel, nur ein bisschen Sahne auf die Katze."

Im Sielpark

Info und Ausflug-Tipp

! Jedes Jahr im April findet von Donnerstag bis Sonntag ein namhaftes Reitturnier im Sielpark statt, das große Championat der Berufsreiter. Die Elite der deutschen Reiter ist dort vertreten. Dieses Top-organisierte Turnier bietet sogar freien Eintritt und besonders am Samstag und Sonntag findet man hier voll besetzte Tribünen. Schon in den zwanziger Jahren gab es hier Reitturniere und direkt in der Nähe 1926 sogar einen Flugplatz. Den Sielpark erreichen Sie durch Überquerung der Kanalstraße. Vor dem beliebten Tanzcafé „Sielpalais" gibt es genügend Parkplätze.

Die Saline

Warum soll ich im Urlaub an die Nordsee? Die Luft ist hier genau so gut!

Info

! Bad Oeynhausen hatte bis in die 30er Jahre hinein 3 Gradierwerke bis zu 800 Meter Länge. Die hochkonzentrierte Sole wurde zu Salz weiterverarbeitet.
1989 wurde im Sielpark in Anlehnung an diese Tradition ein neues Gradierwerk für Kurzwecke aufgebaut.
Es sorgt in seiner Umgebung für frische, salzhaltige Luft Damit werden besonders die Atemorgane positiv beeinflusst.
Auch Asthmatiker und Pollenallergiker profitieren davon.

Im Sielpark

Herrchen wollte sich in einer Tonne die „Niagarafälle" runterstürzen und ich habe ihn noch nicht auftauchen sehen...

Info und Ausflug-Tipp

! Bereits 1753 wurde an der Werre ein Stauwehr mit abgezweigtem Kanal angelegt. Die Wasserkraft diente der damaligen Kokturmühle und 1806 kam ein zweites Wasserrad hinzu. Im Laufe der Jahrzehnte veränderte sich das Sielwehr: Von einem Faschinenwehr wurde es 1808 in ein Überfallwehr umgewandelt und 1864 in ein Nadelwehr. Es war vom Sielwärter begehbar und sein Wärterhaus ist noch vorhanden. 1902 wurde es verbessert und zusätzlich eine Hängebrücke und Brückenbahn gebaut. Das heutige, Stauklappenwehr stammt aus den Jahren 1956/1957.

Wau! Ich habe beim Schiffeversenken schon wieder gewonnen!

Da bringt man schon mal den Müll weg und dann quatscht einem so ein Papagei was vor wegen Mülltrennung!

Ob wohl so bald die Heimspiele von Arminia aussehen werden?

Info

! Mit etwas Glück sehen Sie im Sielpark in der Nähe des Kanuclubs freifliegende Papageien. Bitte rufen Sie nicht den Tierschutzverein an, denn diese Tiere sind von ihrem Halter so dressiert, dass Sie immer wieder zurückkommen.
Sie fahren sogar auf dem Fahrrad mit und können kurioserweise die Klingel bedienen.

Die Tribüne in der Mitte des Parks ist bei Veranstaltungen natürlich meist voll besetzt...

Die besten Feste der Region

Honkytonk Bad Salzuflen	April
Kirschblütenfest Enger	April, letztes Wochenende
Salzsiederfest Bad Salzuflen	Anfang Mai
Leinewebermarkt Bielefeld	Mai
Innenstadtfete Bad Oeynhausen	1 oder 2 Wochen vor NRW Ferien (meist Juni, Juli)
Hökerfest Herford	Juni
Stadtfest Minden	alle zwei Jahre
Doktorsee in Flammen, Rinteln	Juli
Kurparkbeleuchtung Bad Oeynhausen	Anfang August (3 Tage) Freitag Konzert, Samstag Feuerwerk, Sonntag Familientag
Bierbrunenfest Lübbecke	August
Altstadtfest Rinteln	August
Steinhuder Meer in Flammen	August
Weinfest Bad Oeynhausen	September
Zwiebelmarkt Bünde	September
Weser in Flammen, Minden	September, alle 2 Jahre
Stadtfest Porta Westfalica Hausberge	September
Weihnachtsmarkt Bad Oeynhausen	November Dezember (mit Eisbahn)

Bitte entnehmen Sie die genauen Daten jeweils der Tagespresse oder dem Internet.

(Innenstadtfete Bad Oeynhausen)

Ich wollte Lotto spielen, aber früher waren die Gewinne groß und die Kugeln klein...
Außerdem war der Ziehungsbeamte ganz schön nass!

(Weinfest im Kurpark)

Kennst du einen Winzer und der hat gute Weine stell dich gut mit ihm, sonst trinkt er sie alleine...

(Eisbahn auf dem Weihnachtsmarkt)

Weihnachten, fast wie in New York...

Auf Tour in Löhne ...

Rüdiger Nehberg wäre stolz auf mich: Survival-Training in den Gohfelder Tannen!

Info und Ausflug-Tipp

Nur wenige Fahrminuten von Bad Oeynhausen entfernt, erreichen Sie auf Löhner Gebiet zwei idyllische Naherholungsgebiete, die zum Wandern einladen: Die Gohfelder Tannen und das Sudbachtal. In den Gohfelder Tannen gibt es ein (nicht mehr bewirtschaftetes) Naturfreundehaus, Angelteiche, einen Waldkindergarten und auch einen lehrreichen Waldlehrpfad. Hier finden Sie relativ unberührte Natur, Erholung und seltene Tierarten.
(Anfahrt über die Koblenzer Straße, dann abbiegen zu „In den Tannen", Parkplätze vorhanden)

Nicht weit entfernt (Koblenzer Straße, Weihestraße, Alter Postweg, erreichen Sie das ebenfalls sehenswerte Naturschutzgebiet Sudbachtal in Gohfeld. Es ist ein Siek, das durch die letzten beiden Eiszeiten geformt wurde. Es ist ein 3 km langes Bachtal mit Kastenprofil. Dieser selten besuchte Naturort mit seinen vielen Eichen, Eschen, Buchen und Erlen lädt zu ausgiebigen Spaziergängen oder Radtouren ein.

Das neue Wehr

Kennst du die Klippenspringer von Acapulco?

Klar, aber ohne Badehose springe ich nicht!

Info und Ausflug-Tipp

! In gewisser Weise noch ein Geheimtipp: Das neue Wehr in Löhne. Hier finden Sie ein kleines, idyllisches Wassersportparadies. An warmen Sommertagen können Sie hier „einen Urlaub zuhause" genießen: Im flachen klaren Wasser baden, Fische beobachten oder am Ufer entspannen. Häufig finden auch Kanutouren statt. Von Bad Oeynhausen erreichen Sie das Wehr am besten auf der Autobahn Richtung Osnabrück, Abfahrt Gohfeld, links durch den Kreisel und rechts abbiegen Löhner Straße in Richtung Löhne bis zum Bahnhof, im Kreisel rechts in die Schützenstraße.

Das neue Wehr in Löhne: Die „Cote d`Azur des kleinen Mannes".

Das Heimatmuseum

Ob hier wohl das Casting für „Ice Age 5" stattfindet?

Info und Ausflug-Tipp

Bevor Menschen in Löhne lebten, gab es dort auch Mammut und Höhlenbär. Davon zeugen eiszeitliche Funde im Untergeschoss des Heimatmuseums. Der Themenraum „Frühe Spuren" zeigt Funde aus der Jungsteinzeit und Bronzezeit, auch ein Einbaum ist hier zu bewundern. Insgesamt gibt es 9 Themenräume und eine Sonderausstellung. In denen gibt es interessante Infos über das Landleben, Zigarrenherstellung, Spinnerei, Eisenbahn sowie Holzbearbeitung und Küchenindustrie. Geöffnet: Sa 15.00 bis 18.00 Uhr, So 10.00-12.30 Uhr und 15.00 bis 18.00

Wegbeschreibung

Das Löhner Heimatmuseum erreichen Sie von Bad Oeynhausen am einfachsten über die Herforder Straße in Richtung Gohfeld.

Diese Straße wird zur Koblenzer Straße und Sie biegen rechts in die Weihestraße Richtung Gohfeld. Im Tal fahren Sie links in den Alten Postweg. Am Ende dieser Straße finden Sie rechts das Heimatmuseum mit dem nicht zu übersehenden großen Mammut.

Die Ulenburg

Info und Ausflug-Tipp

Ulenburg war bis zur Gründung der Stadt Löhne 1969 eine eigene kleine Gemeinde, wobei das Wasserschloss der Weserrenaissance Namensgeber war. 1568-1570 wurde durch Hilmar von Quernheim aus einem Hof dieses impulsante Bauwerk und es wurde 1581 vom Bischof gewaltsam eingenommen. Es gab zahlreiche Besitzerwechsel in den darauffolgenden Jahrhunderten. 1927 erwarb die Heil- und Pflegeanstalt Wittekindshof das Schloss und verkaufte es 2015. Obwohl es kein öffentlicher Park ist, lohnt sich ein Ausflug mit einem Spaziergang durch die angrenzenden Wälder.

Wegbeschreibung

Sie erreichen Schloss Ulenburg am besten, indem Sie die Autobahnabfahrt Löhne nehmen und dann links Richtung Lübbecker Straße fahren. Nach ca zwei Kilometern finden Sie links die alte Dorfstraße. Das Schloss Ulenburg ist dann ausgeschildert.

Sie können die Ulenburg auch erreichen, wenn Sie kurz nach der Autobahnabfahrt beim Wasserschloss Haus Beck links abbiegen in die Ellerbuscher Straße. Kurz danach geht es rechts in die Ulenburger Allee.

Mühlen in Löhne

Wenn die Mühle kräftig klappert, hört man nicht wie Herrchen plappert.

Info und Ausflug-Tipp

Die Rürupsmühle ist über 400 Jahre alt. Sie ist die letzte Mühle, die im Kreis Herford noch durch Wasserkraft angetrieben wird, um Korn zu mahlen. Das Wasser stammt aus dem Mühlenteich, der durch den Mittelbach gespeist wird. 1980 gründete sich der Verein „Vom Korn zum Brot" um Helmut Wehage. Die Mitglieder kümmern sich um Denkmalspflege, und zeigen alle Arbeitsvorführungen. Alles geschieht mit bloßer Muskel- und Naturkraft. Zu dem Komplex gehören Gebäude wie das Bauernhaus Stork, das Backhaus Wiebesiek und der Fachwerk-Holzschuppen.

Wegbeschreibung

Sie erreichen die Mühle am einfachsten über die Bültestraße (vorbei an der Aqua Magica) bis zur Loher Straße.
Dort biegen Sie neben dem Restaurant „Pfeffermühle" rechts ab. Nach ca 1-2 km erreichen Sie links unten im Tal das Mühlengelände „unter der Burg". Parkplätze sollten Sie sich in diesem Fall am besten oben an der Straße suchen. In der Umgebung gibt es weiterhin interessante Wanderwege.

Mühlen in Löhne

Der Planwagen heißt Planwagen, weil die keinen Plan hatten, wie der Wagen heißen sollte!

Planwagen an der Rürupsmühle

Wegbeschreibung

Die sogenannte „Kemena-Mühle" an der Koblenzer Straße in Löhne ist in die Denkmalliste eingetragen. Sie liegt im Grünen Tal etwas versteckt und wird vom Mittelbach umschlossen. 1893 wurde dieses Bauwerk mit einem Wasserrad in Betrieb genommen und in drei Generationen erweitert und verbessert.
Nach liebevoller Restaurierung wurde sie 1996 für Besucher eröffnet.

Mühlentage und Führungen können Sie unter Tel 05731/84047 erfahren.

Was ich sonst noch so erlebe...

Der spinnt! Der hat gesagt, ich soll reinkommen. Aber 8 Grad ist mir zu kalt!

Ich habe genau gehört wie Herrchen zu der Blondine sagte, „Das ist mein Wagen". Hätte er bloß die Fahrradklammern abgenommen!

Ist das jetzt klar? Heute Abend Katzengasse Fünf! Ihr drei steht „Schmiere" und die Rinderknochen werden nur bei Krallenangriff benutzt, okay?

Mein Handicap war heute 08/15...

Eh, komm mal rüber, hast du schon die neue Dogs Gala gelesen? Lassie ist nicht mehr mit Rex zusammen!

Sag mal Juppie, Du bist ja jetzt berühmt! Wie ist das denn so?

Oh super! In Hollywood habe ich jetzt sogar einen eigenen Baum.

Lohnenswerte Ausflugsziele

Der Fernsehturm auf dem Jakobsberg in Porta Westfalica (wenige Autominuten von der Autobahnabfahrt Porta Westfalica ist 142 m hoch und hat in 23 Meter Höhe eine faszinierende Aussichtsplattform, die einen traumhaften Rundblick über die Region bietet. Unterhalb des Turms gibt es noch ein Bismarck-Gedenkzimmer. Öffnungsz.: Karfreitag-Anfang November-jeden Sa, So u. Feiertag 10.00-18.00 Uhr.

Das 88-m-hohe Kaiser-Wilhelm Denkmal in Porta Westfalica wurde durch die preußische Provinz Westfalen 1892-1896 errichtet. Dort haben Sie eine wunderbare Aussicht über die Weser, die sich durch Wiehen- und Wesergebirge schlängelt. Eine neue Gastronomie wird hier bald eröffnet.

Im Norden Bad Oeynhausens, idyllisch am Wiehengebirge gelegen, finden Sie in Bergkirchen wunderschöne Wanderwege, empfehlenswert ist zum Beispiel der sogenannte Liebesweg.

Richtung Bergkirchen finden Sie etwas versteckt an der Brinkstraße 22 die Schöne Mühle in idyllischer Umgebung. An mehrfachen Terminen finden hier interessante Mühlentage statt.

Einen Ausflug wert ist das Waldgasthaus „Zum wilden Schmied" am Kammweg in Dehme. Schöne Aussicht-Biergarten und gute Wanderwege. Anfahrt am besten über die sogen. „Krause Buche".

20 Autominuten von Bad Oeynhausen (Richtung Exter) finden Sie in Bad Salzuflen, historische Häuser, einen großen Kurpark mit See, ansprechende Gastronomie sowie ausgiebige Wanderwege, auch zu einem beliebten Rehgehege.

1 Stunde Autofahrt von Bad Oeynhausen (Autobahn-Abfahrt Porta Westfalica Vennebeck, Ri Nienburg, Seelenfeld, Loccum, Rehburg, Mardorf erreichen Sie den mit ca 30 qkm größten See Norddeutschlands, das Steinhuder Meer. Beliebt sind Rundfahrten oder gleich mit dem Boot direkt zur Insel Wilhelmstein. Elektroboote leihen oder Relaxen am Sandstrand der „Weißen Düne" sind sehr beliebt. Auf der anderen Seeseite finden Sie den lebhaften Ort Steinhude.

Die Burg Vlotho, ca 15 Autominuten von Bad Oeynhausen, ist eine hochmittelalterliche Ruine einer Höhenburg auf dem 141-m-hohen Amtshausberg. Hier genießen Sie eine wunderbare Aussicht und interessante Wanderwege.
Anfahrt über das Autobahnkreuz Bad Oeynhausen und Bundesstraße 514 oder aus Bad Oeynhausen über Oberbecksener Str. oder Detmolder und Bonneberger Str.

Die sogenannte Oeynhauser Schweiz, östlich vom Kurpark, nahe der Bahnhofstraße bietet einen Stadtwald und ein großzügiges Damwildgehege.

Beim Wasserstraßenkreuz in Minden wird der Mittellandkanal in einer Trogbrücke über die tiefer gelegene Weser geführt. Ein interessantes Ausflugsziel ca. 20 Autominuten von Bad Oeynhausen!

Zwei Geheimnisse...

Achtung!

Der Bundes-Beardie-Minister rät:

Wer sein Fell vor der Dusche ablegt, sollte es nach dem Duschen wieder draufkleben, sonst wandert es womöglich in den Behälter für das Rote Kreuz...

oder noch schlimmer:
Ein Modedesigner macht ein Kleid daraus...

Danke an Julia Henschel für die zwei zauberhaften Fotos!

So werden die Klamotten für

Germany`s Next
Dog-Model
hergestellt!

...und zwar nicht in Billiglohnländern, sondern im schönen Allgäu!

Zwei fotografische Highlights

Hier zwei fotografische Highlights mit Bearded Collies on Tour in ihrem Ursprungsland (von Laura Grosser).
Oben sehen wir Lauras Beardies beim alljährlichen Treffen der Working Bearded Collie Society in Langdale(England).
Unten sehen wir ihre Hunde vor historischer Kulisse vor dem Eilean Donan Castle in Schottland. Dort wurde der
Kinofilm „Highlander" gedreht.

HERMES
FRISEURE
SEIT 1928

EXKLUSIV BEI UNS:

- ✔ **CALLIGRAPHY-CUT**
- ✔ **AMERICAN BLOW DRY**
- ✔ **FRISUREN-COMPUTER-BERATUNG**

Wir haben vier Sterne Superior

Portastraße 18 · Telefon 0 57 31 . 2 98 20 · www.hermes-friseure.de